KAY-HENNER MENGE

Marmeladen, Konfitüren & Gelees

SELBST GEMACHT

Inhalt

Sommerhits fürs ganze Jahr

Ein Kurzzeitwecker ist ein wichtiger Küchenhelfer, denn die vorgegebenen Kochzeiten sollten genau eingehalten werden. Die Kochzeit beginnt ab dem Zeitpunkt, zu dem die Fruchtmasse durch und durch sprudelnd kocht. Damit nichts am Topfboden ansetzt, sollte während dieser Zeit ständig gerührt werden.

Süß Eingekochtes – was ist was?

Jeder weiß, was gemeint ist, wenn man beim Frühstück nach der Marmelade fragt. Im Zuge der europäischen Harmonisierung hat man sich jedoch darauf verständigt, dass sich ein Erzeugnis nur dann **Marmelade** nennen darf, wenn es aus Zitrusfrüchten und Zucker hergestellt wurde. Alle anderen Brotaufstriche aus zerkleinerten Früchten und Zucker heißen demnach **Konfitüre**. Und alles, was aus dem Saft von Früchten und mit Zucker gekocht wird, nennt sich **Gelee**.

Zucker und Geliermittel im Überblick

Unsere Urgroßmütter kochten ihre Konfitüren aus Zucker und Früchten im gleichen Verhältnis. Das dauerte bei manchen Früchten recht lange, aber es funktionierte! Denn Früchte enthalten in unterschiedlicher Menge den Stoff, den man zum Marmeladekochen unbedingt braucht: **Pektin**. Der pflanzliche Ballaststoff festigt in Verbindung mit Zucker und Säure die Fruchtmasse und bildet ein sogenanntes Gel. Darum wird das Festwerden von Konfitüre und Co. als Gelieren bezeichnet.

Aus Früchten, die von Natur aus pektinreich sind, wie Äpfel, Heidel- oder Johannisbeeren sowie Zitrusfrüchten, lassen sich mit **Haushaltszucker** im Verhältnis 1:1 klassische Konfitüren bzw. Marmeladen kochen. Um eine lange Haltbarkeit von Eingemachtem zu gewährleisten, dient Zucker hier als natürliches Konservierungsmittel. Je weniger Zucker in Eingemachtem enthalten ist, desto kürzer kann es aufgehoben werden. Im Handel finden Sie **Einmachzucker** – ein Zucker mit etwas gröberen Kristallen als im Haushaltszucker, die sich beim Einmachen langsamer auflösen.

Unterschiedliche Zuckerarten schaffen Aromenvielfalt im Glas: Agavendicksaft unterstreicht die Frucht, brauner Zucker verleiht Karamellnoten.

Dadurch kann sich das Fruchtaroma voll entfalten, und es entsteht weniger unerwünschter Schaum.

Für Früchte, die naturgemäß wenig Pektin enthalten, wie Erd- und Himbeeren, Kirschen und Zwetschgen, oder Früchte mit einem mittleren Pektingehalt, wie Aprikosen, Pfirsiche, Birnen, Brombeeren, Mirabellen und Weintrauben, empfiehlt sich die Zubereitung mit **Gelierzucker**. Damit verkürzt sich die Kochzeit erheblich. Gelierzucker ist immer eine Mischung aus Zucker und Pektin, das aus Zitrusschalen oder aus den Schalen knapp reifer säuerlicher Äpfel gewonnen wird. Der **klassische Gelierzucker** funktioniert nach der 1:1-Methode. Hiermit Eingemachtes ist nahezu unbegrenzt haltbar.

Im Handel finden Sie jedoch auch Gelierzucker, bei denen das Frucht-Zucker-Verhältnis zugunsten der Früchte und des fruchtigeren Aromas erhöht ist. Für **Gelierzucker 2:1** nehmen Sie 1 Kilogramm Früchte und 500 Gramm Zucker, für **Gelierzucker 3:1** benötigen Sie 1,5 Kilogramm Früchte und 500 Gramm Zucker. Beide Gelierzuckervarianten enthalten

Für ein optimales Einmachergebnis beachten Sie bei Gelierzucker bitte zusätzlich die Herstellerangaben. Wenn Sie einmal weniger Frucht einkochen möchten, als auf der Gelierzuckerpackung angegeben ist, sollten Sie den Gelierzucker auf jeden Fall vor dem Abwiegen in einer Schüssel sorgfältig durchrühren, damit sich Zucker und Pektin gleichmäßig mischen.

meist zusätzlich einen Konservierungsstoff; dennoch sollten die damit gekochten Konfitüren und Gelees nicht zu lange aufgehoben werden, da ihnen ein Teil des konservierenden Zuckers fehlt.

Neben den verschiedenen Formen von Gelierzucker finden Sie im Handel auch **Gelierpulver**. Auch dieses gibt es in den Ausführungen 1:1, 2:1 und 3:1. Gelierpulver ist besonders geeignet, wenn Sie Gelee kochen möchten und hierzu die Früchte mit einer Zuckerzugabe entsaften. Oder wenn Sie Konfitüren und Gelees nicht mit Haushaltszucker, sondern mit einer anderen Zuckersorte kochen möchten.

Mit **braunem Zucker** bekommen Konfitüren, Gelees und Chutneys eine leicht karamellige Note. **Vollrohrzucker** ist eingedickter und gemahlener Zuckerrohrsaft; er gibt Eingemachtem eine dunkle Farbe und einen leicht malzigen Geschmack. Eingemachtes lässt sich aber auch sehr gut mit **Honig** süßen.

Im Naturkostladen finden Sie **Agavendicksaft**, ein neutrales Süßungsmittel, das aus Blättern der mexikanischen Agave hergestellt wird. Der honigähnliche Dicksaft besteht hauptsächlich aus Fruchtzucker (Fruktose) und bringt die Fruchtigkeit des Eingemachten besonders gut zur Geltung.

Zur optimalen Ausnutzung des fruchteigenen Pektins gibt man häufig **Zitronensäure** zu den Früchten. Zitronensäure ist ein natürliches Konservierungsmittel und unterstützt das Gelieren Ihrer Konfitüren und Gelees.

Immer eine gute Wahl – bestes Obst ins Glas

Die Früchte sollten so frisch wie möglich und gut ausgereift sein. Unreifes Obst hat noch nicht sein volles Aroma, überreifes Obst enthält weniger Pektin und verdirbt schnell. Beeren sind besonders empfindlich und sollten nach Einkauf oder Ernte rasch verarbeitet werden. Breiten Sie die Beeren bis zur Verarbeitung flach aus und lagern Sie diese möglichst kühl. **Verarbeiten Sie nur einwandfreie Früchte; Angeschimmeltes auf keinen Fall verwenden, sondern wegwerfen.**

Obst und Gemüse aus kontrolliertem Bioanbau ist zwar meist etwas teurer, aber auch komplett unbehandelt – und Sie können sicher sein, dass keine Pestizidrückstände im Fruchtfleisch oder auf den Schalen vorhanden sind.

Kaufen Sie lieber ein wenig mehr Obst als in den Rezepten angegeben. Dann können Sie Verluste, die beim Verlesen oder Putzen entstehen, einfach ausgleichen.

Auch tiefgekühlte Früchte können Sie zum Einmachen verwenden. Entweder frieren Sie vorbereitete Früchte ohne Zucker selbst ein oder Sie greifen auf industriell Gefrorenes zurück. Wichtig: den beim Auftauen entstehenden Saft immer mitverwenden.

Obst und Gemüse vor dem Zerkleinern nur kurz waschen und sehr gut abtropfen lassen, damit sich Aromaverluste in Grenzen halten. Danach alles wie im Rezept angegeben zerkleinern und erst dann präzise abwiegen. Richten Sie sich genau (!) nach den Mengenangaben, damit Ihr Gelee oder Ihre Marmelade die richtige Konsistenz bekommt. Die Zutatenmengen können maximal verdoppelt werden.

Beim Einmachen können die gekochten Mengen leicht variieren; darum besser ein Glas mehr vorbereiten als in den Rezepten angegeben.

Klare Sache – Gläser fürs Eingemachte

Zur Lagerung von Eingemachtem eignen sich am besten Gläser mit Twist-off-Deckel. Ob neu oder gebraucht – wichtig ist, dass die Gläser unversehrt sind und die Deckel fest schließen. Sauberkeit ist beim Einmachen das oberste Gebot. Um die Gläser vorzubereiten, müssen sie zunächst mit heißem Wasser und Spülmittel gereinigt werden. Anschließend lässt man sie auf einem sauberen Geschirrtuch kopfüber abtropfen. Gläser nicht abtrocknen! Deckel in kochendem Wasser zehn Minuten auskochen, wie die Gläser abtropfen lassen. Oder Gläser und Deckel mit dem heißesten Programm der Spülmaschine reinigen. Wer seine Gläser sterilisieren will, erhitzt sie auf dem Rost im Backofen zehn Minuten bei 150 °C. Die Gläser anschließend im ausgeschalteten Ofen ruhen lassen, bis das Einmachgut abgefüllt werden kann. Konfitüre und Co. gelieren besser in kleinen als in großen Gläsern. Wenn Sie gebrauchte Gläser verwenden, achten Sie darauf,

Vor dem Abfüllen unerlässlich: erst eine Gelierprobe machen, dann mit einem Schaumlöffel den Schaum abheben.

dass Sie Süßes nur in solche Gläser füllen, in denen zuvor auch Süßes war. So lässt sich eine geschmackliche Beeinflussung ausschließen.

Gelierprobe, Abschäumen – und ab ins Glas!

Um sicherzugehen, dass Marmelade oder Gelee wirklich fest werden, sollten Sie eine Gelierprobe machen. Hierzu stellen Sie vor dem Kochen zwei kleine Teller ins Gefrierfach. Nach der Kochzeit geben Sie etwas Fruchtmasse auf einen der Teller. Wird die Probe nach kurzer Zeit fest, bekommt auch der Rest der Masse genügend Festigkeit im Glas. Wird die Probe nicht fest, kochen Sie die Fruchtmasse zwei bis drei Minuten länger und rühren ein Päckchen Zitronensäure (fünf Gramm) darunter. Dann machen Sie eine weitere Gelierprobe.

Der natürliche Schaum, der beim Kochen auf der Fruchtmasse entstehen kann, darf nicht mit ins Glas, denn er kann durch den Einschluss von Sauerstoff die Haltbarkeit des Eingemachten beeinträchtigen. Schöpfen Sie darum den Schaum vor dem Abfüllen mit einem Schaumlöffel ab.

Zum Abfüllen der kochend heißen Fruchtmasse stellen Sie die vorbereiteten Gläser auf ein feuchtes Tuch, damit sie nicht springen. Zum Einfüllen benutzen Sie am besten eine saubere kleine Kelle. Gelee gießen Sie direkt aus dem Topf in die Gläser. In beiden Fällen ist der beigelegte Einfülltrichter eine große Hilfe. Dessen extraweite Öffnung ist groß genug, dass auch stückiges Einmachgut sauber ins Glas gelangt.

Füllen Sie das Einmachgut randvoll in die Gläser und achten Sie dabei genau darauf, dass die Glasränder sauber bleiben. Sind die Ränder doch einmal verschmutzt, müssen sie sofort mit Küchenpapier oder einem sauberen (!) feuchten Tuch gründlich gereinigt werden. Die Gläser sofort fest verschließen und mindestens fünf Minuten auf den Deckel stellen. Dadurch kann keine Luft ins Glas nachfließen, wenn der Inhalt abkühlt und sich zusammenzieht. Beim Abkühlen bildet sich im Glas ein Vakuum, das dieses luftdicht abschließt.

Mit dem Einfülltrichter bleiben die Glasränder sauber. Befüllte Gläser fest verschließen und kurz auf den Deckel stellen.

Das Eingemachte vor Zugluft geschützt auf einem Brett oder Kuchengitter abkühlen lassen.

Beachten Sie bitte: In den Gläsern kann der Geliervorgang bis zu einer Woche oder länger dauern.

Lagerung und Haltbarkeit

Der ideale Lagerort für Eingemachtes ist kühl, trocken und möglichst dunkel. Konfitüren verlieren im Lauf der Zeit zwar ihre Farbe, das Aroma bleibt aber weitgehend erhalten. Das ist besonders auffällig bei Erdbeeren. Das Eingemachte ist ein bis zwei Jahre haltbar. Geöffnete Gläser stets im Kühlschrank aufbewahren und bald aufbrauchen.

Pikant Eingemachtes – was ist was?

Ursprünglich aus Indien stammt die süßsäuerliche Beilage **Chutney**, die heute im englischsprachigen Raum auf dem Speiseplan als Beigabe zu Fleisch-, Fisch- und Gemüsegerichten zu finden ist. Chutney wird aus Früchten und/oder Gemüse mit Essig, Zucker und Gewürzen ähnlich wie Marmelade gekocht und hat eine dickflüssige, fast pastenartige Konsistenz. Ist die Konsistenz dünnflüssiger, wird die Würzsauce als **Relish** bezeichnet.

In der Zubereitung unterscheiden sich Chutney und Co. vor allem dadurch, dass weniger Zucker eingesetzt wird. Konserviert werden sie durch die Kombination von Zucker und Essig. Da kein Gelierzucker verwendet wird, sind die Kochzeiten entsprechend länger. Gemüse enthält kein oder sehr wenig Pektin, darum können Sie bei der Zubereitung von Chutneys keine Gelierprobe machen. Sie erkennen die richtige Beschaffenheit daran, dass der Topfboden beim Umrühren für einen kurzen Moment quasi als Spur klar abgegrenzt sichtbar bleibt. Schließt sich die Spur sofort wieder, muss die Masse noch etwas länger gekocht werden. Chutneys und Relishes sind genauso lange haltbar wie Konfitüren.

Nach dem vollständigen Abkühlen unbedingt prüfen, ob sich ein Vakuum gebildet hat – die Mitte des Twist-off-Deckels muss leicht nach innen gewölbt sein.

Geben Sie Ihrem Chutney ausreichend Zeit, um sein volles Aroma zu entwickeln. Es schmeckt am besten, wenn Sie es mindestens vier Wochen ruhen lassen.

Bleibt der Topfboden beim Umrühren kurz abgegrenzt zu sehen, ist das Chutney fertig.

Konfitüren & Marmeladen

Zugegeben, es gibt jede Menge Konfitüren und Marmeladen zu kaufen. Aber an selbst Eingemachtes kommen sie alle nicht heran. Und es ist ganz einfach, frisches Obst und Beeren winterfest ins Glas zu bringen. Ob Sie klassische Erdbeerkonfitüre bevorzugen oder rote Grütze in Form von Konfitüre vernaschen wollen: Machen Sie sich und anderen eine Frühstücksfreude!

Klassische Erdbeerkonfitüre

Für 6 Gläser à 200 ml

1,1 kg reife Erdbeeren
5 EL Zitronensaft
500 g Gelierzucker 2:1

**Zubereitungszeit: ca. 1 Std.
(plus Wartezeit)**

*Das Foto zu diesem Rezept
finden Sie auf Seite 10.*

ZUBEREITUNG

Erdbeeren verlesen, kurz waschen und abtropfen lassen, mit einem spitzen Messer von den Blättchen befreien und halbieren oder vierteln.

1 Kilogramm Erdbeeren abwiegen und mit einer Gabel oder einem Kartoffelstampfer zerdrücken. Mit Zitronensaft und Gelierzucker in einem großen Topf mischen und zugedeckt mindestens 1 Stunde Saft ziehen lassen.

Konfitüremasse bei starker Hitze unter Rühren aufkochen und 3 Minuten sprudelnd kochen lassen. Eine Gelierprobe machen und die Konfitüre abschäumen (siehe Seite 8).

Konfitüre sofort randvoll in vorbereitete Twist-off-Gläser füllen und verschließen. Gläser 5 Minuten auf den Deckel stellen, umdrehen und abkühlen lassen.

Variante mit Basilikum
20 große Basilikumblätter waschen und trockentupfen. Blätter längs halbieren und quer in feine Streifen schneiden. Nach dem Abschäumen unter die Konfitüre rühren.

Variante mit grünem Pfeffer
4 Teelöffel eingelegte grüne Pfefferkörner (aus dem Glas) in einem Sieb abspülen, abtropfen lassen und hacken. Nach dem Abschäumen unter die Konfitüre rühren.

Variante mit Limette
1 Biolimette heiß waschen, trocknen und 2 Teelöffel Schale fein abreiben. 5 Esslöffel Limettensaft auspressen und statt Zitronensaft zu den Erdbeeren geben. Limettenschale erst nach dem Abschäumen unter die Konfitüre rühren.

Melonen-Erdbeer-Konfitüre

ZUBEREITUNG

1 Melone halbieren. Das weiche Innere und die Kerne mithilfe eines Esslöffels herauskratzen und durch ein Sieb in einen großen Topf streichen. Melone schälen, 600 Gramm Fruchtfleisch abwiegen, in 1 Zentimeter kleine Würfel schneiden und mit in den Topf geben.

2 Erdbeeren verlesen, kurz waschen und abtropfen lassen, mit einem spitzen Messer von den Blättchen befreien. 400 Gramm Erdbeeren abwiegen und in 1 Zentimeter kleine Würfel schneiden. Zu den Melonenwürfeln geben. Den Gelierzucker untermischen und mindestens 1 Stunde Saft ziehen lassen.

3 Limetten heiß waschen, trocknen und 2 Teelöffel Schale fein abreiben. 5 Esslöffel Limettensaft auspressen. Limettenschale und -saft zur Melonen-Erdbeer-Mischung geben, bei starker Hitze unter Rühren aufkochen. Konfitüremasse 3 Minuten sprudelnd kochen lassen. Eine Gelierprobe machen und die Konfitüre eventuell abschäumen (siehe Seite 8).

4 Konfitüre sofort randvoll in vorbereitete Twist-off-Gläser füllen und verschließen. Gläser 5 Minuten auf den Deckel stellen, umdrehen und abkühlen lassen.

Für 6 Gläser à 200 ml

1 kg reife Zuckermelone (z. B. Cantaloupmelone)
500 g Erdbeeren
500 g Gelierzucker 2 : 1
1–2 Biolimetten

Zubereitungszeit: ca. 1 Std. (plus Wartezeit)

Heidelbeerkonfitüre mit Vanillesahne

Für 5 Gläser à 200 ml

800 g Kulturheidelbeeren

500 g Agavendicksaft
(aus dem Naturkostladen)

1 Päckchen Zitronensäure (5 g)

1/2 Vanilleschote

125 g Crème double

Zubereitungszeit: ca. 40 Min.

ZUBEREITUNG

1 Heidelbeeren verlesen, kurz waschen und gut abtropfen lassen. 750 Gramm Heidelbeeren abwiegen und mit Agavendicksaft sowie Zitronensäure in einen großen Topf geben. Vanilleschote längs aufschlitzen und das Mark herauskratzen. Vanilleschote und -mark zu den Heidelbeeren geben.

2 Heidelbeermischung bei starker Hitze unter Rühren aufkochen. Konfitüremasse 4 Minuten sprudelnd kochen lassen. Vanilleschote entfernen. Beeren mit einem Kartoffelstampfer zerdrücken oder mit einem Schneidstab grob pürieren. Konfitüremasse weitere 4 Minuten sprudelnd kochen lassen. Crème double unterrühren, Masse aufkochen und weitere 2 Minuten sprudelnd kochen lassen.

3 Eine Gelierprobe machen (siehe Seite 8), Konfitüre sofort randvoll in vorbereitete Twist-off-Gläser füllen und verschließen. Gläser 5 Minuten auf den Deckel stellen, umdrehen und abkühlen lassen. Die Gläser während des Abkühlens gelegentlich umdrehen, damit sich die Crème double nicht an der Oberfläche absetzt.

Tipp Diese besondere Konfitüre sollten Sie innerhalb von 6 Monaten verbrauchen. Sie enthält Fett und ist darum weniger lange haltbar als andere Konfitüren.

Pfirsich-Maracuja-Konfitüre

ZUBEREITUNG

1 Maracujas halbieren, Saft, Fruchtfleisch und Kerne mit einem Teelöffel herauskratzen. Mit einem Schneidstab 30 Sekunden pürieren und durch ein feines Sieb streichen. Haut der Pfirsiche auf der runden Seite einritzen, die Pfirsiche für 30 Sekunden in kochendes Wasser geben, abschrecken und häuten, entsteinen und das Fruchtfleisch pürieren.

2 300 Gramm Maracuja- und 500 Gramm Pfirsichpüree abwiegen. Mit Gelierzucker und Zitronensäure in einem großen Topf mischen. Konfitüremasse bei starker Hitze unter Rühren aufkochen und 4 Minuten sprudelnd kochen lassen. Eine Gelierprobe machen, Konfitüre eventuell abschäumen (siehe Seite 8).

3 Konfitüre sofort randvoll in vorbereitete Twist-off-Gläser füllen und verschließen. Gläser 5 Minuten auf den Deckel stellen, umdrehen und abkühlen lassen.

Tipp Für eine Konfitüre sollten die Pfirsiche richtig reif sein. Ein besonders fruchtiges Aroma haben Pfirsiche mit weißem Fruchtfleisch.

Variante mit Alkohol Rühren Sie nach dem Abschäumen 4 Esslöffel Pfirsichlikör unter die Konfitüre.

Für 5 Gläser à 200 ml

12 Maracujas (Passionsfrüchte) à ca. 60 g
4 Pfirsiche à 150 g
500 g Gelierzucker 2 : 1
1 Päckchen Zitronensäure (5 g)

Zubereitungszeit: ca. 45 Min.

Rote-Grütze-Konfitüre

Für 5 Gläser à 200 ml

300 g Sauerkirschen
300 g rote Johannisbeeren
300 g schwarze Johannisbeeren
250 g Himbeeren
500 g Gelierzucker 2:1

Zubereitungszeit: ca. 1 Std.

ZUBEREITUNG

1 Kirschen und Johannisbeeren getrennt voneinander waschen und abtropfen lassen. Himbeeren verlesen. Johannisbeeren von den Rispen streifen. Kirschen entsteinen, die halbe Menge Kirschen halbieren, restliche Kirschen pürieren.

2 Insgesamt 1 Kilogramm Früchte abwiegen und in einem großen Topf mit Gelierzucker mischen. Frucht-Zucker-Mischung bei starker Hitze unter Rühren aufkochen und 3 Minuten sprudelnd kochen lassen.

3 Eine Gelierprobe machen und die Konfitüre abschäumen (siehe Seite 8). Sofort randvoll in vorbereitete Twist-off-Gläser füllen und verschließen. Gläser 5 Minuten auf den Deckel stellen, umdrehen und abkühlen lassen.

Tipp Rote-Grütze-Konfitüre können Sie auch mit anderen Früchten kochen, wobei immer ein Teil püriert werden sollte. Ersetzen Sie einfach eine Fruchtsorte durch klein gewürfelte Erdbeeren, Rhabarber oder Brombeeren. Die Sauerkirschen können Sie durch Süßkirschen ersetzen.

Variante mit Alkohol Dieser Konfitüre können Sie durch Zugabe von 3 Esslöffeln Kirschwasser oder Orangenlikör einen besonderen Pfiff geben. Den Alkohol erst nach dem Abschäumen unterrühren.

Variante mit Mandeln 50 Gramm gehackte Mandeln in einer Pfanne ohne Fett goldbraun rösten, mit 4 Tropfen Bittermandelöl unter die Frucht-Zucker-Mischung rühren und mitkochen.

Reneklodenkonfitüre

Für 6 Gläser à 200 ml

1,2 kg Renekloden
600 g Agavendicksaft (aus dem Naturkostladen)
1 Päckchen Zitronensäure (5 g)
1 Päckchen Gelierpulver 2:1 (25 g)
1 TL gemahlene Naturvanille (aus dem Naturkostladen)

Zubereitungszeit: ca. 1 Std. (plus Wartezeit)

ZUBEREITUNG

Renekloden waschen, halbieren und entsteinen. Hälften in 1 Zentimeter große Würfel schneiden, 1 Kilogramm abwiegen, mit Agavendicksaft und Zitronensäure in einen weiten Topf geben. Zugedeckt mindestens 1 Stunde Saft ziehen lassen.

Gelierpulver und Vanille unter die Mischung rühren. Bei starker Hitze unter Rühren aufkochen, 4 Minuten sprudelnd kochen lassen. Eine Gelierprobe machen, Konfitüre abschäumen (siehe Seite 8), sofort randvoll in vorbereitete Twist-off-Gläser füllen, verschließen, Gläser 5 Minuten auf den Deckel stellen, umdrehen und abkühlen lassen.

Mirabellen-Apfel-Konfitüre

Für 6 Gläser à 200 ml

850 g Mirabellen
500 g Gelierzucker 2:1
5 EL Zitronensaft
350 g Äpfel
1 TL Anissaat

Zubereitungszeit: ca. 1 Std. (plus Wartezeit)

ZUBEREITUNG

Mirabellen verlesen, waschen, abtropfen lassen, halbieren, entsteinen, klein würfeln. 750 Gramm abwiegen, in einem großen Topf mit Gelierzucker und Zitronensaft mischen; zugedeckt 3 Stunden Saft ziehen lassen.

Äpfel waschen, schälen, bis aufs Kernhaus fein reiben, 250 Gramm abwiegen. Mit Anis unter die Mirabellen mischen, bei starker Hitze unter Rühren aufkochen, 4 Minuten sprudelnd kochen lassen, eine Gelierprobe machen, abschäumen (siehe Seite 8). Sofort randvoll in vorbereitete Twist-off-Gläser füllen, verschließen, 5 Minuten auf den Deckel stellen, umdrehen, abkühlen lassen. Konfitüre mindestens 1 Woche durchziehen lassen.

Zwetschgen-Holunder-Konfitüre

ZUBEREITUNG

1 Holunder abspülen, abtropfen lassen. Zwetschgen waschen, halbieren, entkernen, würfeln und 800 Gramm abwiegen. Holunderbeeren mithilfe einer Gabel von den Stielen streifen, 150 Gramm Beeren abwiegen. Walnüsse nicht zu fein hacken, feine Bestandteile mit einem groben Sieb entfernen.

2 Zwetschgen, Holunderbeeren, Walnüsse, Gelierzucker und Zitronensäure in einem großen Topf mischen. Zugedeckt 2 Stunden Saft ziehen lassen.

3 Konfitüremasse bei starker Hitze unter Rühren aufkochen, 4 Minuten sprudelnd kochen lassen. Eine Gelierprobe machen, Konfitüre eventuell abschäumen (siehe Seite 8). Sofort randvoll in vorbereitete Twist-off-Gläser füllen und verschließen. Gläser 5 Minuten auf den Deckel stellen, umdrehen und abkühlen lassen.

Variante mit Haselnüssen Für dieses Rezept können Sie die Walnüsse durch die gleiche Menge Haselnusskerne ersetzen.

Für 6 Gläser à 200 ml

200 g Holunderbeerdolden
850 g Zwetschgen
50 g Walnusskerne
500 g Gelierzucker 2 : 1
1 Päckchen Zitronensäure (5 g)

Zubereitungszeit: ca. 30 Min. (plus Wartezeit)

Apfelstrudelkonfitüre

Für 6 Gläser à 200 ml

50 g Sultaninen
4 EL brauner Rum
1 große Biozitrone
1,2 kg säuerliche Äpfel
500 g Gelierzucker 2:1
40 g gehackte Mandeln
1 Vanilleschote
1 TL Zimtpulver

**Zubereitungszeit: ca. 1 Std. 15 Min.
(plus Wartezeit)**

ZUBEREITUNG

1 Sultaninen in einem Sieb abspülen und in Rum einweichen. Zitrone heiß waschen, trockenreiben und 2 Teelöffel Schale fein abreiben, 5 Esslöffel Zitronensaft auspressen. Äpfel schälen, entkernen und klein würfeln. Apfelwürfel sofort mit Zitronensaft und -schale mischen. 1 Kilogramm Apfelwürfel abwiegen, mit dem Gelierzucker in einem großen Topf mischen und 1 Stunde durchziehen lassen.

2 Mandeln in einer Pfanne ohne Fett unter gelegentlichem Rütteln goldbraun rösten. Vanilleschote längs aufschlitzen und das Mark herauskratzen. Mark, Vanilleschote, Mandeln, Rumsultaninen und Zimt unter die Äpfel mischen. Konfitüremasse bei starker Hitze unter Rühren aufkochen, dann 4 Minuten sprudelnd kochen lassen.

3 Eine Gelierprobe machen (siehe Seite 8). Vanilleschote entfernen, Konfitüre eventuell abschäumen (siehe Seite 8), sofort randvoll in vorbereitete Twist-off-Gläser füllen und verschließen.

4 Gläser 5 Minuten auf den Deckel stellen, umdrehen und abkühlen lassen. Die Apfelstrudelkonfitüre mindestens 1 Woche durchziehen lassen.

Variante Ersetzen Sie die Mandeln durch grob gehackte Pinienkerne, den Zimt durch 1 Teelöffel frisch gehackte Rosmarinnadeln und den Rum durch Grappa.

Kastanienmus mit Vanille und Rum

ZUBEREITUNG

1 Kastanien mit einem spitzen Messer auf der gewölbten Seite kreuzweise einschneiden, in reichlich kochendem Wasser 5 Minuten sprudelnd kochen lassen, abgießen, kurz abtropfen lassen und noch heiß schälen.

2 400 Gramm Kastanien abwiegen und mit den Lorbeerblättern in einen Topf geben, mit kochend heißem Wasser bedecken, leicht salzen und zugedeckt aufkochen. Bei milder Hitze in 20 bis 30 Minuten weich kochen. Kastanien abgießen und durch ein grobes Sieb streichen oder mit einem Kartoffelstampfer sorgfältig zerdrücken.

3 Vanilleschote längs halbieren und das Mark herauskratzen. 500 Milliliter Wasser, den Zucker, Zitronenschale, Vanillemark und -schote in einem großen Topf bei milder Hitze unter Rühren erwärmen, bis sich der Zucker aufgelöst hat. Sirup 5 Minuten bei milder Hitze köcheln. Vanilleschote und Zitronenschale entfernen.

4 Kastanienpüree unter den Sirup mischen und unter Rühren aufkochen. Konfitüremasse 5 bis 10 Minuten kochen lassen, bis die Masse cremig-dicklich ist. Rum unter das Mus rühren. Mus sofort randvoll in vorbereitete Twist-off-Gläser füllen und verschließen. Gläser 5 Minuten auf den Deckel stellen, umdrehen und abkühlen lassen.

Tipp Weniger aufwendig ist die Muszubereitung mit geschälten Kastanien aus dem Vakuumpack. Diese wie oben beschrieben in 15 bis 20 Minuten weich kochen.

Für 5 Gläser à 200 ml

500 g große Esskastanien (Maronen)

2 Lorbeerblätter

Salz

1 Vanilleschote

400 g Vollrohrzucker

1 Stück Biozitronenschale (ca. 6 cm lang)

3–4 EL brauner Rum

Zubereitungszeit: ca. 2 Std.

Tomatenkonfitüre mit Aprikosen

Für 6 Gläser à 200 ml

1,2 kg reife, feste Tomaten

200 g getrocknete Aprikosen

1 Vanilleschote

600 g Agavendicksaft (aus dem Naturkostladen)

1 Päckchen Gelierpulver 2 : 1 (25 g)

Zubereitungszeit: ca. 1 Std.

ZUBEREITUNG

Tomaten waschen, auf der runden Seite kreuzweise einschneiden und portionsweise 30 Sekunden in kochendes Wasser geben, abschrecken und häuten, halbieren und den Stielansatz entfernen. Tomaten entkernen, Kerne durch ein feines Sieb streichen und den Saft beiseitestellen. Tomatenfruchtfleisch in kleine Würfel schneiden.

800 Gramm Tomatenwürfel abwiegen, eventuell mit dem passierten Saft auffüllen und in einen großen Topf geben. Aprikosen in kleine Würfel schneiden. Vanilleschote der Länge nach halbieren und das Mark herauskratzen. Agavendicksaft, Gelierpulver, Aprikosen, Vanillemark und -schote unter die Tomaten rühren.

Konfitüremasse bei starker Hitze unter Rühren aufkochen und 3 Minuten sprudelnd kochen lassen. Eine Gelierprobe machen (siehe Seite 8). Vanilleschote entfernen, Konfitüre eventuell abschäumen (siehe Seite 8). Konfitüre sofort randvoll in vorbereitete Twist-off-Gläser füllen und verschließen. Gläser 5 Minuten auf den Deckel stellen, umdrehen und abkühlen lassen.

Tipp Die Konfitüre beim Kochen stets im Auge behalten und gut umrühren, da sie leicht anbrennt.

Variante mit Maracuja Ersetzen Sie die getrockneten Aprikosen durch die gleiche Menge Maracujamark. Dafür 8 Maracujas (Passionsfrüchte) à ca. 60 Gramm halbieren, Saft, Fruchtfleisch und Kerne mit einem Teelöffel herauskratzen. Mit einem Schneidstab 30 Sekunden pürieren und durch ein feines Sieb streichen. Wie oben beschrieben weiterverfahren.

Feinstückige Zitronenmarmelade

Für 8 Gläser à 200 ml

1 kg Biozitronen
800 g Einmach- oder
Haushaltszucker

Zubereitungszeit: ca. 2 Std.

ZUBEREITUNG

Zitronen waschen und trockenreiben, in einen großen Topf mit kochendem Wasser geben, zugedeckt aufkochen und bei milder Hitze 20 Minuten kochen lassen. Zitronen abgießen und den Vorgang 2-mal wiederholen. Das Kochwasser des 3. Vorgangs auffangen.

Zitronen in einem Sieb abtropfen lassen, die Flüssigkeit auffangen. Zitronen in mittelgroße Stücke schneiden, Stielansätze und Kerne dabei entfernen. Kerne in einen Einmalteebeutel geben und mit Küchengarn zubinden. Zitronenstücke durch die grobe Scheibe der Gemüsemühle (»Flotte Lotte«) treiben oder mit einem Schneidstab stückig pürieren.

Abgetropfte Flüssigkeit mit Zitronenkochwasser auf 1 Liter auffüllen. 800 Gramm Zitronenpüree abwiegen. Flüssigkeit, Püree, Teebeutel und Einmachzucker in einem großen Topf unter Rühren offen aufkochen und bei mittlerer Hitze 25 bis 35 Minuten kochen lassen. Beutel über der Marmeladenmasse kräftig ausdrücken und wegwerfen. Masse durchrühren, eine Gelierprobe machen und die Marmelade eventuell abschäumen (siehe Seite 8). Sofort in vorbereitete Twist-off-Gläser füllen und verschließen. Gläser 5 Minuten auf den Deckel stellen, umdrehen und abkühlen lassen.

Hinweis Die abgefüllte Marmelade benötigt einige Zeit, um zu gelieren. Gläser darum mindestens 2 Wochen an einem kühlen, dunklen Ort stehen lassen, ohne sie zu bewegen.

Varianten Nach diesem Rezept lässt sich auch Mandarinen- oder Orangenmarmelade zubereiten.

Kirsch-Bananen-Konfitüre

Für 5 Gläser à 200 ml

850 g Süßkirschen
2–3 reife Bananen
4 EL Zitronensaft
1 Päckchen Zitronensäure (5 g)
500 g Gelierzucker 2 : 1

Zubereitungszeit: ca. 1 Std.

ZUBEREITUNG

1 Kirschen verlesen, entstielen, kurz waschen und abtropfen lassen, dann entsteinen. Bananen schälen, 250 Gramm Fruchtfleisch abwiegen und in Stücke schneiden. 450 Gramm Kirschen abwiegen, mit Bananenstücken und Zitronensaft in einen großen Topf geben und mit einem Schneidstab pürieren. 300 Gramm Kirschen halbieren und unterrühren.

2 Zitronensäure und Gelierzucker zugeben und die Kirsch-Bananen-Mischung bei starker Hitze unter Rühren aufkochen. Konfitüremasse 3 Minuten sprudelnd kochen lassen. Eine Gelierprobe machen, Konfitüre eventuell abschäumen (siehe Seite 8).

3 Konfitüre sofort randvoll in vorbereitete Twist-off-Gläser füllen und verschließen. Gläser 5 Minuten auf den Deckel stellen, umdrehen und abkühlen lassen.

Tipp Falls doch mal ein Kirschkern zwischen die entsteinten Kirschen geraten ist und Sie dies beim Pürieren durch ein lautes Geräusch bemerken, empfiehlt es sich, die gesamte Masse durch ein Sieb zu streichen.

Variante mit Tonkabohne Ein atemberaubendes Aroma erhält diese Konfitüre, wenn Sie 1/2 Tonkabohne (auf der Muskatreibe fein gerieben) unter die Konfitüremasse rühren. Tonkabohnen bekommen Sie im Gewürzhandel. Die Bohnen enthalten Kumarin, weshalb sie nicht zu häufig verwendet werden sollten.

Zweierlei Feigenkonfitüre

ZUBEREITUNG

1 Feigen waschen, den Stielansatz abschneiden, die Haut von oben nach unten abziehen. Feigen pürieren und wiegen. Mit Limetten- und Apfelsaft auf 1500 Gramm auffüllen; alles in einen großen Topf geben.

2 Pektin und 2 Esslöffel Zucker mischen, beiseitestellen. Den restlichen Zucker zum Feigenpüree geben, bei starker Hitze unter Rühren aufkochen. Masse 3 Minuten sprudelnd kochen lassen. Pektin-Zucker-Mischung unterrühren, 1 Minute weiter sprudelnd kochen lassen und eine Gelierprobe machen (siehe Seite 8).

3 Gut die Hälfte der Konfitüre sofort randvoll in 5 vorbereitete Twist-off-Gläser füllen und verschließen. Zimt unter die restliche Konfitüre rühren und diese ebenso abfüllen. Gläser 5 Minuten auf den Deckel stellen, umdrehen und abkühlen lassen.

Tipp Diese Konfitüre können Sie statt mit Apfelpektin und Einmach- oder Haushaltszucker auch mit 750 Gramm Gelierzucker 2:1 kochen.

Variante mit Alkohol Zimtpulver weglassen und 2 Esslöffel Sherry medium unter die Feigenmasse rühren.

Für 9 Gläser à 200 ml

1,5 kg reife Feigen
6 EL Limettensaft
250–350 ml Apfelsaft
22 g Apfelpektin
(aus dem Reformhaus oder Naturkostladen)
750 g Einmach- oder Haushaltszucker
1 TL Zimtpulver

Zubereitungszeit: ca. 1 Std.

Gelees & Curds

Nichts gegen das morgendliche Glas Saft, aber die unschlagbaren Gelees in diesem Kapitel gewinnen glasklar im Wettbewerb um den fruchtigen Start in den Tag. Entsaften Sie erntefrisches Obst und kochen Sie daraus klare Fruchtaufstriche, die die Sommersonne auf dem Frühstücksbrötchen strahlen lassen. Oder probieren Sie sich in der Zubereitung fruchtig-buttriger Curds, mit denen Sie die Genießer-herzen von Familie und Freunden gewinnen.

Apfelgelee mit Pfefferminze

Für 5 Gläser à 200 ml

2 kg Äpfel
1 Päckchen Zitronensäure (5 g)
6 Stiele Pfefferminze
500 g Gelierzucker 2:1

*Zubereitungszeit: ca. 1 Std.
(plus Abtropfzeit)*

*Das Foto zu diesem Rezept
finden Sie auf Seite 32.*

ZUBEREITUNG

1 Äpfel waschen und ungeschält in grobe Stücke schneiden, Blüten- und Stielansätze dabei entfernen. Äpfel und Zitronensäure mit 500 Millilitern Wasser in einen großen Topf geben. Zugedeckt aufkochen, bei milder Hitze 45 Minuten kochen lassen.

2 Ein grobes Sieb über einer Schüssel mit einem feuchten Mulltuch auslegen und die Fruchtmischung in das Tuch gießen. Mindestens 3 Stunden, besser über Nacht, abtropfen lassen, nur leicht ausdrücken.

3 Minzeblättchen abzupfen, waschen und trockentupfen, fein hacken. 800 Milliliter Apfelsaft abmessen. Saft und Gelierzucker in einem großen Topf mischen. Bei starker Hitze unter Rühren aufkochen und 4 Minuten sprudelnd kochen lassen. Eine Gelierprobe machen und das Gelee abschäumen (siehe Seite 8). Minze unterrühren. Apfelgelee sofort randvoll in vorbereitete Twist-off-Gläser füllen und verschließen. Gläser 5 Minuten auf den Deckel stellen, umdrehen und abkühlen lassen. Die Gläser während des Abkühlens gelegentlich umdrehen, damit sich die Minzeblättchen im Gelee verteilen. Gelee mindestens 1 Woche durchziehen lassen.

Variante mit Agavendicksaft Dieses Gelee schmeckt besonders fruchtig, wenn Sie den Gelierzucker durch 500 Gramm Agavendicksaft (aus dem Naturkostladen) ersetzen. Diesen mit dem Saft und 1 Päckchen Gelierpulver 2:1 (25 Gramm) verrühren und wie oben beschrieben kochen.

Variante mit Fruchtsaft Mit dem wie oben beschrieben gewonnenen Apfelsaft können Sie verschiedene Fruchtgelees zubereiten. Verwenden Sie hierfür 600 Milliliter Apfelsaft plus 200 Milliliter Kirsch-, Brombeer-, Johannisbeer- oder Holundersaft.

Weißes Johannisbeergelee

ZUBEREITUNG

1 Johannisbeeren kurz waschen, abtropfen lassen, von den Rispen streifen. Mit 200 Millilitern Wasser zugedeckt aufkochen, bei mittlerer Hitze 5 Minuten kochen lassen. Mit einer Gabel oder einem Kartoffelstampfer zerdrücken und weitere 5 Minuten kochen.

2 Ein grobes Sieb über einer Schüssel mit einem feuchten Mulltuch auslegen und die Fruchtmischung in das Tuch gießen. Mindestens 2 Stunden, besser über Nacht, abtropfen lassen, nur leicht ausdrücken.

3 Melisseblättchen kurz abwaschen und trockentupfen. 500 Milliliter Johannisbeersaft abmessen. Mit Prosecco und Gelierzucker in einem großen Topf mischen. Mischung bei starker Hitze unter Rühren aufkochen, 3 Minuten sprudelnd kochen lassen. Eine Gelierprobe machen, das Gelee eventuell abschäumen (siehe Seite 8). Gelee und Melisseblättchen sofort randvoll in vorbereitete Twist-off-Gläser füllen und verschließen. Gläser 5 Minuten auf den Deckel stellen, umdrehen und abkühlen lassen.

Für 4 Gläser à 200 ml

1 kg weiße Johannisbeeren
24 Zitronenmelisseblättchen
200 ml Prosecco
500 g Gelierzucker 2 : 1

Zubereitungszeit: ca. 30 Min. (plus Abtropfzeit)

Das Foto zu diesem Rezept finden Sie auf Seite 32.

Variante mit schwarzen Johannisbeeren
Weiße Johannisbeeren durch schwarze ersetzen und entsaften. Prosecco und Zitronenmelisse durch 200 Gramm Maracujamark ersetzen. Dafür 8 Maracujas (Passionsfrüchte) à ca. 60 Gramm halbieren, Saft, Fruchtfleisch und Kerne mit einem Teelöffel herauskratzen. Kurz pürieren und durch ein Sieb streichen. Wie oben beschrieben weiterverfahren.

Variante mit roten Beeren
Je 500 Gramm rote Johannisbeeren und Himbeeren mit 200 Millilitern Wasser wie oben beschrieben kochen und abtropfen lassen. Mit dem ausgekratzten Mark von 1 Vanilleschote und Prosecco wie oben beschrieben kochen. Zitronenmelisse weglassen.

Brombeergelee mit Roter Bete und Portwein

Für 4 Gläser à 200 ml

800 g Brombeeren
400 ml Rote-Bete-Saft
100 ml roter Portwein
500 g brauner Zucker
1 Päckchen Gelierpulver 2:1 (25 g)
1 Päckchen Zitronensäure (5 g)

**Zubereitungszeit: ca. 45 Min.
(plus Abtropfzeit)**

ZUBEREITUNG

Brombeeren verlesen und in einen Topf geben. Mit 100 Millilitern Wasser zugedeckt aufkochen, bei mittlerer Hitze 5 Minuten kochen lassen. Beeren mit einer Gabel oder einem Kartoffelstampfer zerdrücken und weitere 5 Minuten kochen.

Ein grobes Sieb über einer Schüssel mit einem feuchten Mulltuch auslegen und die Fruchtmischung in das Tuch gießen. Mindestens 2 Stunden, besser über Nacht, abtropfen lassen, nur leicht ausdrücken.

Rote-Bete-Saft in einem großen Topf aufkochen, offen bei starker Hitze auf die Hälfte einkochen lassen, 200 Milliliter Rote-Bete- und 450 Milliliter Brombeersaft abmessen, mit dem Portwein in den Topf geben. Zucker, Gelierpulver und Zitronensäure mischen und unterrühren.

Saft-Zucker-Mischung bei starker Hitze unter Rühren aufkochen, 3 Minuten sprudelnd kochen lassen. Eine Gelierprobe machen und das Gelee abschäumen (siehe Seite 8).

Brombeergelee sofort randvoll in vorbereitete Twist-off-Gläser füllen und verschließen. Gläser 5 Minuten auf den Deckel stellen, umdrehen und abkühlen lassen.

Blaues Traubengelee mit Rosmarin

ZUBEREITUNG

1 Weintrauben waschen, abtropfen lassen, von den Stielen zupfen und in einen Topf geben. Mit 100 Millilitern Wasser zugedeckt aufkochen, bei mittlerer Hitze 5 Minuten kochen lassen. Die Trauben mit einer Gabel oder einem Kartoffelstampfer zerdrücken und weitere 10 Minuten kochen.

2 Rosmarinzweige in eine Schüssel geben. Ein grobes Sieb über der Schüssel mit einem feuchten Mulltuch auslegen, die Fruchtmischung in das Tuch gießen. Mindestens 2 Stunden, besser über Nacht, abtropfen lassen, nur leicht ausdrücken.

3 Rosmarin entfernen. 650 Milliliter Saft abmessen, mit Zitronensaft und Gelierzucker in einem großen Topf mischen. Bei starker Hitze unter Rühren aufkochen, 3 Minuten sprudelnd kochen lassen. Eine Gelierprobe machen und das Gelee abschäumen (siehe Seite 8). Sofort randvoll in vorbereitete Twist-off-Gläser füllen und verschließen. Gläser 5 Minuten auf den Deckel stellen, umdrehen und abkühlen lassen.

Tipp Frisch gepressten Zitronensaft am besten durch ein feines Sieb zum Traubensaft geben, damit das Gelee schön klar bleibt.

Für 4 Gläser à 200 ml

1,25 kg blaue Weintrauben
4 Zweige Rosmarin
100 ml Zitronensaft
500 g Gelierzucker 2:1

Zubereitungszeit: ca. 30 Min. (plus Abtropfzeit)

Cranberry-Apfel-Gelee mit Gewürzen

Für 5 Gläser à 200 ml

500 g Cranberrys (evtl. TK-Ware)
1,2 kg Äpfel
250 ml trockener Rotwein
4 Zimtstangen
12 Nelken
10 Sternanise
600 g Einmach- oder Haushaltszucker

Zubereitungszeit: ca. 1 Std. 30 Min. (plus Abtropfzeit)

ZUBEREITUNG

Cranberrys verlesen. Äpfel waschen und ungeschält in grobe Stücke schneiden, Blüten- und Stielansätze dabei entfernen. Cranberrys, Äpfel, Rotwein, Zimtstangen, Nelken und 5 Sternanise in einen großen Topf geben. 700 Milliliter Wasser zugeben und zugedeckt aufkochen. Bei milder Hitze 45 Minuten kochen lassen.

Ein grobes Sieb über einer Schüssel mit einem feuchten Mulltuch auslegen, die Fruchtmischung in das Tuch gießen und über Nacht abtropfen lassen, nur leicht ausdrücken.

900 Milliliter Saft abmessen und mit dem Zucker in einem großen Topf mischen. Bei starker Hitze unter Rühren aufkochen, mindestens 15 Minuten sprudelnd kochen lassen. Eine Gelierprobe machen und das Gelee abschäumen (siehe Seite 8).

Restliche Sternanise auf die vorbereiteten Twist-off-Gläser verteilen, Gelee sofort randvoll in die Gläser füllen und verschließen. Gläser 5 Minuten auf den Deckel stellen, umdrehen und abkühlen lassen. Die Gläser während des Abkühlens gelegentlich umdrehen, damit sich die Sternanise im Gelee verteilen.

Tipp Im Gewürzhandel finden Sie getrocknete Zimtblüten, die dem Gelee ein zartes Zimtaroma verleihen. Ersetzen Sie die Zimtstangen durch 1 Esslöffel Zimtblüten.

Birnengelee mit Zitronenverbene

Für 4 Gläser à 200 ml

1,5 kg reife Birnen
6 Stiele Zitronenverbene
(siehe Tipp)
1 Päckchen Zitronensäure (5 g)
500 g Gelierzucker 2 : 1

*Zubereitungszeit: ca. 45 Min.
(plus Abtropfzeit)*

ZUBEREITUNG

Birnen waschen und ungeschält in grobe Stücke schneiden, Blüten- und Stielansätze dabei entfernen. Mit 700 Millilitern Wasser in einem großen Topf zugedeckt aufkochen, bei milder Hitze 45 Minuten kochen lassen. Zitronenverbene in eine Schüssel geben. Ein grobes Sieb über der Schüssel mit einem feuchten Mulltuch auslegen und die Fruchtmischung in das Tuch gießen. Mindestens 3 Stunden, besser über Nacht, abtropfen lassen, nur ganz leicht ausdrücken.

Zitronenverbene entfernen. 750 Milliliter Saft abmessen. Mit Zitronensäure und Gelierzucker in einem großen Topf bei starker Hitze unter Rühren aufkochen, 3 Minuten sprudelnd kochen lassen. Eine Gelierprobe machen und das Gelee abschäumen (siehe Seite 8).

Gelee sofort randvoll in vorbereitete Twist-off-Gläser füllen und verschließen. Gläser 5 Minuten auf den Deckel stellen, umdrehen und abkühlen lassen.

Tipp Frische Zitronenverbene verleiht dem Gelee ein zartes Zitronenaroma. Sie bekommen das frische Kraut beim Obst- und Gemüsehändler. Im Naturkostladen oder Teegeschäft bekommen Sie auch Verbenentee; nehmen Sie hiervon 2 Esslöffel getrocknete Blätter in einem Einmalteebeutel für das Gelee.

Orangen-Granatapfel-Gelee

ZUBEREITUNG

1 3 Orangen so schälen, dass die weiße Haut mit entfernt wird. Orangenfilets zwischen den Trennhäuten herausschneiden, Saft dabei auffangen, Häute kräftig ausdrücken. 200 Gramm Orangenfilets abwiegen und in Stücke schneiden.

2 Restliche Orangen auspressen, aufgefangenen Saft zugeben – es sollen insgesamt 400 Milliliter sein. Granatäpfel waagerecht halbieren, den Saft am besten auf einer Zitruspresse auspressen, 200 Milliliter Granatapfelsaft abmessen und zum Orangensaft geben.

3 Saftmischung, Orangenfilets, Agavendicksaft und Gelierpulver in einem großen Topf mischen. Bei starker Hitze unter Rühren aufkochen und 3 Minuten sprudelnd kochen lassen. Eine Gelierprobe machen und das Gelee abschäumen (siehe Seite 8).

4 Gelee sofort randvoll in vorbereitete Twist-off-Gläser füllen und verschließen. Gläser 5 Minuten auf den Deckel stellen, umdrehen und abkühlen lassen. Die Gläser während des Abkühlens gelegentlich umdrehen, damit sich die Orangenfilets im Gelee verteilen.

Variante mit Kumquats Mit Kumquats (Miniorangen) bekommt dieses Gelee noch mehr Orangenaroma. Dafür 120 Gramm Kumquats waschen, abtrocknen und in 1/2 Zentimeter dicke Scheiben schneiden. Kerne dabei entfernen und mit 450 Millilitern Orangensaft und Granatapfelsaft wie oben beschrieben zu Gelee kochen. Orangenfilets in diesem Fall weglassen.

Für 5 Gläser à 200 ml

5–6 große Orangen
2 Granatäpfel
600 g Agavendicksaft
1 Päckchen Gelierpulver 2:1 (25 g)

Zubereitungszeit: ca. 1 Std.

Bayerisches Weißbiergelee

Für 4 Gläser à 200 ml

500 g Zucker
1 Päckchen Gelierpulver 2:1 (25 g)
5 EL Zitronensaft
700 ml Weißbier (kristallklar)

Zubereitungszeit: ca. 30 Min.

ZUBEREITUNG

Zucker und Gelierpulver in einem großen Topf mischen. Zitronensaft und Bier zugeben. Bei starker Hitze unter sanftem Rühren aufkochen (Vorsicht: schäumt stark!), 3 Minuten sprudelnd kochen lassen. Eine Gelierprobe machen, das Gelee eventuell abschäumen (siehe Seite 8).

Gelee sofort in vorbereitete Twist-off-Gläser füllen, verschließen. Gläser 5 Minuten auf den Deckel stellen, umdrehen und abkühlen lassen.

Glühweingelee mit Orangenschale

Für 4 Gläser à 200 ml

500 ml trockener Rotwein
2 Beutel Glühweingewürz
(für je 0,7 l)
200 ml Orangensaft, frisch gepresst
Schale von 1/2 Bioorange, dünn abgeschält in kurzen Streifen
500 g brauner Zucker
1 Päckchen Gelierpulver 2:1 (25 g)
1 Päckchen Zitronensäure (5 g)

Zubereitungszeit: ca. 30 Min.

ZUBEREITUNG

Wein und Glühweingewürz in einem großen Topf aufkochen, 20 Minuten bei milder Hitze ziehen lassen. Orangensaft und -schale aufkochen, bei milder Hitze 3 Minuten kochen lassen. Gewürzbeutel über dem Wein ausdrücken, Orangensaft durch ein Sieb zugeben, -schalen in die vorbereiteten Twist-off-Gläser verteilen.

Zucker, Gelierpulver und Zitronensäure mischen, mit dem Wein verrühren. Bei starker Hitze unter Rühren aufkochen, 3 Minuten sprudelnd kochen lassen. Eine Gelierprobe machen, das Gelee eventuell abschäumen (siehe Seite 8), sofort randvoll in die Gläser füllen, verschließen. Gläser 5 Minuten auf den Deckel stellen; während des Abkühlens gelegentlich umdrehen, damit sich die Orangenschale gleichmäßig verteilt.

Teegelee mit Kumquats

ZUBEREITUNG

1 Die Teeblätter mit 900 Millilitern kochend heißem Wasser überbrühen. Den Tee 5 Minuten ziehen lassen und durch ein Sieb in einen großen Topf geben.

2 Kumquats waschen, abtrocknen und in 1/2 Zentimeter dicke Scheiben schneiden. Kerne dabei entfernen. Erst Gelierzucker und Zitronensäure, dann die Kumquatscheiben zum Tee geben. Bei starker Hitze unter Rühren aufkochen und 3 Minuten sprudelnd kochen lassen. Eine Gelierprobe machen, das Gelee eventuell abschäumen (siehe Seite 8).

3 Teegelee sofort randvoll in vorbereitete Twist-off-Gläser füllen und verschließen. Die Gläser 5 Minuten auf den Deckel stellen, umdrehen und abkühlen lassen. Gläser während des Abkühlens gelegentlich umdrehen, damit sich die Kumquatscheiben im Gelee gleichmäßig verteilen.

Variante mit Rauchtee Im Teefachgeschäft bekommen Sie russischen Karawanentee oder Lapsang-Souchong-Tee aus China. Diese Blatttees werden im Rauch traditioneller Hölzer produziert und verleihen Ihrem Teegelee ein leicht herbes, rauchiges Aroma.

Für 5 Gläser à 200 ml

4 EL Earl-Grey-Tee (20 g)
120 g Kumquats (Miniorangen)
500 g Gelierzucker 2:1
1 Päckchen Zitronensäure (5 g)

Zubereitungszeit: ca. 30 Min.

Himbeer-Curd mit Limette

Für 3–4 Gläser à 200 ml

200 g Himbeeren
4 EL Limettensaft
1 TL fein abgeriebene
Biolimettenschale
1 Päckchen Vanillezucker
180 g Zucker
175 g Butter in Stücken
3 frische Eier (Kl. L, zimmerwarm)

Zubereitungszeit: ca. 1 Std.

ZUBEREITUNG

Himbeeren verlesen, mit Limettensaft und -schale pürieren. 200 Milliliter Püree abmessen. Mit Vanillezucker, Zucker und Butter in eine Metallschüssel geben, über einem heißen Wasserbad (siehe Hinweis) unter gelegentlichem Rühren erhitzen, bis sich Zucker und Butter aufgelöst haben.

Twist-off-Gläser ohne Deckel auf dem Rost in der Backofenmitte bei 100 °C 15 Minuten erwärmen, dann im ausgeschalteten Ofen ruhen lassen.

Inzwischen die Eier mit einem Schneebesen verquirlen und unter die Fruchtmasse rühren. Unter Rühren mit einem Kunststoffteigschaber erhitzen, bis die Masse cremig-dicklich wird; das dauert 30 bis 40 Minuten. Der Curd hat die richtige Konsistenz, wenn diese an leicht geschlagene Sahne erinnert. Er wird beim Abkühlen fester. Masse durch ein feines Sieb streichen und sofort randvoll in die vorbereiteten Gläser füllen, verschließen, abkühlen lassen und kalt stellen. Der cremige Brotaufstrich hält sich im Kühlschrank maximal 3 Monate.

Variante mit Pfirsich 1 reifen Pfirsich (ca. 150 Gramm) häuten, entsteinen, klein schneiden. Mit 100 Gramm verlesenen Himbeeren und den übrigen Zutaten pürieren. Mit 200 Millilitern Fruchtpüree wie oben beschrieben weiterverfahren.

Hinweis Die Zubereitung eines Curds ist einfach, erfordert aber Sorgfalt und Geduld. Damit das Ei in der Schüssel über dem Wasserbad nicht gerinnt, darf die Hitze nicht zu stark sein. Das Wasser sollte darum nicht sprudelnd kochen und die Schüssel keinen direkten Kontakt mit dem Wasser haben. Beim Rühren nicht die Geduld verlieren und auf gar keinen Fall das Wasser zum Kochen bringen.

Maracuja-Curd

ZUBEREITUNG

1 Maracujas halbieren, Saft, Fruchtfleisch und Kerne mit einem Teelöffel herauskratzen. Mit einem Schneidstab 30 Sekunden pürieren und durch ein feines Sieb streichen. Kerne beiseitestellen. 200 Milliliter Püree abmessen. Mit Zucker und Butter in eine Metallschüssel geben und über einem heißen Wasserbad (siehe Hinweis Seite 48) unter gelegentlichem Rühren erhitzen, bis sich Zucker und Butter aufgelöst haben. Twist-off-Gläser ohne Deckel auf dem Rost in der Backofenmitte bei 100 °C 15 Minuten erwärmen, dann im ausgeschalteten Ofen ruhen lassen.

2 Inzwischen die Eier mit einem Schneebesen verquirlen und unter die Fruchtmasse rühren. Unter Rühren mit einem Kunststoffteigschaber erhitzen, bis die Masse cremig-dicklich wird; das dauert 30 bis 40 Minuten. Der Curd hat die richtige Konsistenz, wenn diese an leicht geschlagene Sahne erinnert. Er wird beim Abkühlen fester.

3 Masse durch ein feines Sieb streichen, nach Belieben 2 bis 3 Teelöffel Maracujakerne unterrühren. Curd sofort randvoll in die vorbereiteten Gläser füllen, verschließen, abkühlen lassen und kalt stellen. Der traditionelle englische Brotaufstrich hält sich im Kühlschrank maximal 3 Monate.

Varianten mit Zitrusfrüchten Klassischerweise wird Curd mit Zitronensaft (und -schale) zubereitet, es eignen sich jedoch auch Orangen. Verwenden Sie für die Zitronenvariante 200 Milliliter Zitronensaft plus 3 Teelöffel fein abgeriebene Zitronenschale. Für die Orangenvariante füllen Sie 150 Milliliter Orangen- mit Zitronensaft auf 200 Milliliter auf und geben 2 Teelöffel fein abgeriebene Orangenschale dazu. In beiden Fällen das Maracujapüree weglassen und Curd wie oben beschrieben kochen.

Für 3–4 Gläser à 200 ml

10–12 Maracujas (Passionsfrüchte) à ca. 60 g

175 g Zucker

175 g Butter in Stücken

3 frische Eier (Kl. L, zimmerwarm)

Zubereitungszeit: ca. 1 Std. 15 Min.

Pikant Eingekochtes

Pikant Eingemachtes sorgt für ungeahnt fruchtig-würzige Augenblicke bei Tisch. Geben Sie knusprigen Kartoffelecken aus dem Ofen mit selbst gekochtem Ketchup Ihre ganz persönliche Note. Mit eigenen Relishes wird die nächste Grillparty der Sommerhit der Gartensaison. Und Frikadellen, Braten oder Käse erleben kulinarische Höhenflüge mit Chutneys aus der Sommerküche.

Fruchtiger Tomatenketchup

Für 7 Flaschen à 250 ml

2 kg sehr reife Tomaten
(siehe Tipps)

200 g getrocknete Softaprikosen

400 g rote Zwiebeln

5 Knoblauchzehen

5 EL Olivenöl

1 TL schwarze Pfefferkörner

1 EL Koriandersaat

1 TL Selleriesamen (aus dem
Gewürzladen)

4 getrocknete Lorbeerblätter

1 Zimtstange

12 Nelken

200 ml Apfelessig

100 g Vollrohrzucker

2 TL Salz

Zubereitungszeit: ca. 2 Std.

*Das Foto zu diesem Rezept
finden Sie auf Seite 52.*

ZUBEREITUNG

Tomaten waschen und grob würfeln, Stielansätze dabei entfernen. Aprikosen in kleine Würfel schneiden. Zwiebeln und Knoblauch abziehen. Zwiebeln klein würfeln, Knoblauch hacken. Öl in einem weiten Topf erhitzen, Zwiebeln darin bei milder Hitze zugedeckt 5 Minuten glasig dünsten. Knoblauch unterrühren. Alles zugedeckt weitere 5 Minuten dünsten.

Inzwischen Pfeffer, Koriander und Selleriesamen im Mörser grob zerstoßen und in einen Einmalteebeutel geben. Lorbeerblätter zerbröseln, Zimtstange in 2 bis 3 Stücke brechen. Lorbeer, Zimt und Nelken in den Beutel geben und diesen mit Küchengarn zubinden.

Tomaten und Aprikosen mit den Knoblauch-Zwiebeln mischen. Essig und Zucker unterrühren und alles zugedeckt bei starker Hitze aufkochen. Salz und den Gewürzbeutel zugeben und alles offen unter gelegentlichem Rühren bei mittlerer Hitze 1 Stunde kochen.

Gewürzbeutel über der Tomatenmasse gut ausdrücken und wegwerfen. Tomatenmasse mit einem Schneidstab pürieren und durch ein feines Sieb in eine Schüssel streichen. Ketchup zurück in den Topf geben und unter Rühren aufkochen. Sofort randvoll in vorbereitete Twist-off-Flaschen füllen, verschließen und abkühlen lassen.

Tipps Meist ist selbst gemachter Ketchup dünnflüssiger als gekaufter. Wenn Ihnen die Konsistenz nach dem Passieren nicht zusagt, können Sie den Ketchup bei starker Hitze unter Rühren weiter einkochen lassen. Wenn Sie keine Selleriesamen bekommen, können Sie ein paar Blattstiele von einem Knollensellerie zusammenbinden und mitkochen. Diese vor dem Passieren aus der Tomatenmasse nehmen.

Kürbis-Apfel-Chutney

ZUBEREITUNG

1 Kürbis der Länge nach halbieren. Weiches Inneres und Kerne mit einem Esslöffel entfernen. Kürbis schälen und 750 Gramm Fruchtfleisch in 1 Zentimeter große Würfel schneiden. Äpfel schälen, vierteln, entkernen und ebenso würfeln. Tomaten 2 Zentimeter groß würfeln, Stielansätze dabei entfernen. Schalotten abziehen und fein würfeln. Ingwer dünn schälen und fein reiben oder hacken. Kürbis, Äpfel, Tomaten, Schalotten und Ingwer in einen weiten Topf geben. Aceto balsamico, Zucker und Salz unterrühren.

2 Mangos fein würfeln, Cranberrys hacken. Pfeffer und Piment im Mörser fein zerstoßen. Chutney-Masse bei mittlerer Hitze unter Rühren offen aufkochen. Mangos, Cranberrys, Pfeffer, Piment und Muskatnuss unter die Masse rühren.

3 Bei milder Hitze unter häufigem (!) Rühren 30 bis 40 Minuten kochen lassen. Das Chutney hat die richtige Konsistenz, wenn der Topfboden beim Umrühren für einen kurzen Moment als Spur sichtbar bleibt.

4 Chutney sofort randvoll in vorbereitete Twist-off-Gläser füllen und verschließen. Gläser 5 Minuten auf den Deckel stellen, umdrehen und abkühlen lassen.

Tipps Für dieses Chutney können Sie den Butternusskürbis auch durch eine andere Sorte, z. B. Muskatkürbis oder Hokkaido, ersetzen. Das Kürbis-Chutney schmeckt zu allen gebratenen Fleischsorten, passt aber auch gut zu gebratenen oder gegrillten Garnelen.

Für 8 Gläser à 200 ml

1 Butternusskürbis (ca. 950 g)
2 Äpfel (300 g)
250 g Tomaten
100 g Schalotten
40 g frische Ingwerwurzel
500 ml weißer Aceto balsamico
250 g Zucker
2 TL Salz
50 g getrocknete Mangos
50 g getrocknete Cranberrys
1 TL schwarze Pfefferkörner
8 Pimentkörner
1/2 TL frisch geriebene Muskatnuss

Zubereitungszeit: ca. 1 Std. 30 Min.

Das Foto zu diesem Rezept finden Sie auf Seite 52.

Heidelbeer-Trauben-Relish mit Rosmarin

Für 4 Gläser à 200 ml

300 g Kulturheidelbeeren
200 g kernlose blaue Trauben
120 g rote Zwiebeln
2 Knoblauchzehen
1–2 rote Chilischoten
4 Zweige Rosmarin
2 EL Öl
100 ml Aceto balsamico
120 g brauner Zucker
1 TL Salz
1/2 TL Süßholzpulver (aus dem Gewürzladen; alternativ: Sternanispulver)

Zubereitungszeit: ca. 1 Std.

ZUBEREITUNG

Heidelbeeren verlesen, kurz waschen und abtropfen lassen. Trauben waschen, abtropfen lassen und je nach Größe halbieren oder vierteln. Zwiebeln abziehen, längs halbieren und quer in dünne Halbringe schneiden. Knoblauch abziehen und fein hacken. Chilischoten längs halbieren, entkernen und fein hacken. Rosmarinzweige mit Küchengarn zusammenbinden.

Öl in einem weiten Topf erhitzen, Zwiebeln darin bei milder Hitze glasig braten. Knoblauch und Chili kurz mitbraten. Aceto balsamico, Heidelbeeren, Trauben, Rosmarin, Zucker und Salz zugeben. Süßholzpulver unterrühren.

Relish-Masse bei mittlerer Hitze unter Rühren offen aufkochen und unter gelegentlichem Rühren 10 Minuten kochen lassen. Alles mit einem Kartoffelstampfer zerdrücken und weitere 5 bis 10 Minuten kochen. Das Relish soll eine saucenartige Konsistenz haben.

Rosmarin entfernen, das Relish sofort randvoll in vorbereitete Twist-off-Gläser füllen und verschließen. Gläser 5 Minuten auf den Deckel stellen, umdrehen und abkühlen lassen.

Tipp Das würzig-fruchtige Relish ist eine feine Ergänzung zu Käse; besonders gut schmeckt es auf mit Ziegenfrischkäse bestrichenem geröstetem Brot.

Johannisbeer-Relish mit Lebkuchengewürz

ZUBEREITUNG

1 Johannisbeeren kurz waschen, abtropfen lassen und von den Rispen streifen. Paprika putzen, vierteln und entkernen. Viertel quer in 1/2 Zentimeter dünne Streifen schneiden. Chilischoten längs halbieren, entkernen und quer in feine Streifen schneiden. Zwiebeln und Knoblauch abziehen. Zwiebeln längs halbieren und quer in 1/2 Zentimeter dicke Halbringe schneiden. Knoblauch fein hacken.

2 Öl in einem weiten Topf erhitzen, Zwiebeln und Paprika darin bei milder Hitze glasig braten. Knoblauch und Chili kurz mitbraten. 200 Milliliter Essig zugeben, offen aufkochen und 3 Minuten kochen lassen. 150 Milliliter Essig, Agavendicksaft, Salz und Lebkuchengewürz unterrühren.

3 Relish-Masse bei mittlerer Hitze unter Rühren offen aufkochen und unter gelegentlichem Rühren 5 bis 10 Minuten kochen lassen, bis die Masse beginnt, dicker zu werden. Johannisbeeren zugeben, offen aufkochen und unter gelegentlichem Rühren weitere 5 bis 10 Minuten kochen, bis die Johannisbeeren geplatzt sind. Das Relish soll eine saucenartige Konsistenz haben. Relish sofort randvoll in vorbereitete Twist-off-Gläser füllen und verschließen. Gläser 5 Minuten auf den Deckel stellen, umdrehen und abkühlen lassen.

Tipp Den Agavendicksaft können Sie durch Honig oder 400 Gramm (braunen) Zucker ersetzen.

Für 4 Gläser à 200 ml

500 g rote Johannisbeeren
2 rote Paprikaschoten (300 g)
2 rote Chilischoten
250 g rote Zwiebeln
3–4 Knoblauchzehen
3 EL Öl
350 ml Rotweinessig
500 g Agavendicksaft
(aus dem Naturkostladen)
1 TL Salz
2 TL Lebkuchengewürz

Zubereitungszeit: ca. 1 Std. 30 Min.

59

Mango-Chutney mit Äpfeln

Für 5 Gläser à 200 ml

2 reife Mangos (ca. 750 g)
100 g Zwiebeln
25 g frische Ingwerwurzel
400 g Äpfel
8 Kardamomkapseln
1 Zimtstange (ca. 3 cm lang)
je 1/2 TL Kreuzkümmel-
und Koriandersaat
2 EL Öl
1/2 TL Schwarzkümmelsaat
(Nigella; nach Belieben)
1 TL Kurkumapulver
1 rote Chilischote
300 g Zucker
1 TL Salz
300 ml Weißweinessig

Zubereitungszeit: ca. 2 Std.

ZUBEREITUNG

Mangos schälen, das Fruchtfleisch vom Stein schneiden, in 1 Zentimeter kleine Würfel schneiden. Abgedeckt beiseitestellen. Zwiebeln abziehen, längs halbieren und quer in 1/2 Zentimeter dicke Halbringe schneiden. Ingwer dünn schälen und fein würfeln oder hacken. Äpfel schälen, vierteln, entkernen und in 1 Zentimeter kleine Würfel schneiden. Kardamom, Zimt, Kreuzkümmel und Koriander am besten im Blitzhacker fein zerkleinern oder zermörsern.

Öl in einem weiten Topf erhitzen, Zwiebeln darin bei milder Hitze glasig braten. Ingwer zugeben und kurz mitbraten. Erst die zerkleinerten Gewürze, Schwarzkümmel und Kurkuma unterrühren, dann die Apfelwürfel und 500 Milliliter Wasser zugeben. Zugedeckt aufkochen und bei milder Hitze 10 Minuten kochen lassen. Inzwischen die Chilischote längs halbieren, entkernen und quer in feine Streifen schneiden. Chili und Mangowürfel zu den Äpfeln geben und alles weitere 20 Minuten kochen.

Zucker, Salz und Essig zugeben und die Chutney-Masse bei starker Hitze unter Rühren offen aufkochen. Bei milder Hitze unter häufigem (!) Rühren 25 bis 30 Minuten kochen lassen. Das Chutney hat die richtige Konsistenz, wenn der Topfboden beim Umrühren für einen kurzen Moment als Spur sichtbar bleibt.

Chutney sofort randvoll in vorbereitete Twist-off-Gläser füllen und verschließen. Gläser 5 Minuten auf den Deckel stellen, umdrehen und abkühlen lassen.

Balsamico-Quitten-Gelee mit Thymian

Für 3 Gläser à 200 ml

600 g Quitten
6 Zweige Thymian
400 ml Aceto balsamico
300 g Vollrohrzucker
1 Päckchen Gelierpulver 2:1 (25 g)

Zubereitungszeit: ca. 1 Std. 30 Min. (plus Wartezeit)

ZUBEREITUNG

Quitten mit einem Tuch abreiben, um den anhaftenden Flaum zu entfernen, mit einem großen Messer in grobe Stücke schneiden, Stiel- und Blütenansätze dabei entfernen. Quitten in einem Topf mit 500 Millilitern Wasser bedecken, zugedeckt aufkochen und bei milder Hitze 45 Minuten kochen lassen. Ein grobes Sieb mit einem Mulltuch auslegen und über eine Schüssel hängen. Quitten hineingeben und am besten über Nacht abtropfen lassen.

Thymianzweige mit Küchengarn zusammenbinden. Aceto balsamico und Thymian in einen großen Topf geben, bei starker Hitze auf 250 Milliliter einkochen lassen. Thymian entfernen. Quitten leicht ausdrücken, 400 Milliliter Saft abmessen und zum Aceto balsamico geben.

Zucker und Gelierpulver mischen. Mit der Quitten-Balsamico-Mischung verrühren, bei starker Hitze unter Rühren aufkochen und 3 Minuten sprudelnd kochen lassen. Eine Gelierprobe machen, das Gelee eventuell abschäumen (siehe Seite 8). Gelee sofort randvoll in vorbereitete Twist-off-Gläser füllen und verschließen. Gläser 5 Minuten auf den Deckel stellen, umdrehen und abkühlen lassen.

Tipps Viel Zeit können Sie sparen, wenn Sie das Gelee mit gekauftem Quittensaft (aus dem Naturkostladen) zubereiten.
Das Balsamico-Quitten-Gelee schmeckt hervorragend zu verschiedenen Hartkäsen, aber auch zu Ziegenfrischkäse und Büffelmozzarella.

Rezeptregister

Bezugsquellen für Gläser (Internet)

www.einmachglas-versand.de
www.glaeserundflaschen.de
www.flaschenbauer.de
www.holtermann-glasshop.de

Über dieses Buch

Redaktionsleitung
Susanne Kirstein

Projektleitung
Eva Wagner

Gesamtproducing
v*büro – Jan-Dirk Hansen,
München

Redaktion
Nicola von Otto, Text & Form

Bildredaktion
Tanja Nerger

Korrektorat
Dr. Ulrike Kretschmer

**Umschlag- und Verpackungs-
gestaltung, Sourcing**
Norbert Pautner, Berlin

Litho Artilitho, Lavis (Trento)

Druck und Verarbeitung
Anpak Printing Ltd., Hongkong

Printed in China

ISBN 978-3-517-08608-8

9817 2635 4453 6271

Über den Autor

Kay-Henner Menge ist Diplom-Oecotrophologe und hat sein Hobby Kochen zum Beruf gemacht. Er arbeitet als kochender Redakteur und Foodstylist in der Versuchsküche des Magazins »essen & trinken« aus dem Verlagshaus Gruner + Jahr. Daneben schreibt er Kochbücher. Schon als Kind hat er im Garten seines Vaters Früchte geerntet und seiner Mutter beim Einmachen geholfen. Seine Leidenschaft für Eingekochtes hat er in den Rezepten für dieses Buch umgesetzt.

Hinweis

Die Ratschläge/Informationen in diesem Buch sind von Autor und Verlag sorgfältig erwogen und geprüft, dennoch kann eine Garantie nicht übernommen werden. Eine Haftung des Autors bzw. des Verlags und seiner Beauftragten für Personen-, Sach- und Vermögensschäden ist ausgeschlossen.

Impressum

© 2010 by Südwest Verlag, einem Unternehmen der Verlagsgruppe Random House GmbH, 81637 München.
Die Verwertung der Texte und Bilder, auch auszugsweise, ist ohne Zustimmung des Verlags urheberrechtswidrig und strafbar. Dies gilt auch für Vervielfältigungen, Übersetzungen, Mikroverfilmung und für die Verarbeitung mit elektronischen Systemen.

Bildnachweis

Coverfoto: Picture Press/Kramp und Gölling
Innenteilfotos Fotografie und Styling: Maike Jessen, www.maikejessen.de
Innenteilfotos Foodstyling: Diane Dittmer
Wir danken dem Laden »Bridget Bell« für die Leihgabe von Geschirr der Marke »Green Gate« (www.bridgetbell-countrystyle.de)

 **Mein Ratgeberportal – villa**vitalia**.de**

Noch mehr Rezepte und tolle Etiketten zum Ausdrucken, Ausschneiden und Aufkleben finden Sie auf www.villavitalia.de unter der Rubrik Gourmettempel/Gourmetwelt.